Backmischungen
im Glas

Anna Selbach

Backmischungen im Glas

Über 25 süße und herzhafte Rezepte

h.f.ullmann

Inhalt

Vorwort

Hallo, ich bin Anna!

Ich liebe kreative und persönliche Geschenke! Insbesondere Backmischungen im Glas haben es mir angetan. Seit meiner ersten selbst kreierten Mischung im Jahr 2013 haben mich diese kleinen, hübschen Geschenke einfach nicht mehr losgelassen. Seitdem habe ich zahlreiche Backmischungen an meine Familie und Freunde verschenkt.

Über die letzten Jahre entstanden viele Ideen und Rezepte, die ich überglücklich in meinem Blog und in meinen Büchern mit Gleichgesinnten teile. Nach unzähligen Leserkommentaren und E-Mails habe ich mich dazu entschlossen, die besten Backmischungen nochmals zu optimieren und in einem Buch für dich zusammenzustellen. Du hältst es gerade in den Händen. Ich hoffe, dich werden diese individuellen, dekorativen Geschenke ebenso begeistern wie mich!

In diesem Buch findest du 27 verschiedene Rezepte für Backmischungen und herzhafte Zutatenmixe im Glas sowie Anleitungen für liebevolle Dekos. Die Kapitel sind nach Anlässen gegliedert, damit du für jede Gelegenheit die passende Mischung findest.

Zusätzlich gibt es Backanleitungen und Etiketten für die Gläser zum kostenfreien Herunterladen. Diese kannst du auch auf den Fotos im Buch sehen. Einfach ausdrucken, ausschneiden und zusammen mit den Mischungen verschenken. Deine Backmischungen sehen so noch viel schöner aus! Alle Materialien findest du auf der Webseite zum Buch:

www.joinmygift.com/buch

Falls du, genau wie ich, nicht genug von Backmischungen im Glas bekommen kannst, dann schau doch mal auf meinem Blog unter www.joinmygift.com/blog vorbei und sag: „Hallo!". Ich freue mich auf dich!

Willkommen in der Community „Backmischungen im Glas" und viel Spaß beim Zaubern deines ganz persönlichen Geschenks!

Deine Anna

Wissenswertes

Kleines Glas-ABC

Für das Herstellen der Backmischungen und Zutaten-
mixe im Glas eignen sich alle Arten von Gläsern. Du
kannst leere Gläser recyceln, oder Einmachgläser in un-
terschiedlichen Formen und Größen kaufen. Wichtig ist
immer, bei der Wahl des Glases darauf zu achten, dass
die Glasgröße genau der Menge des Inhalts entspricht.
Denn: Das Glas muss bis zum Rand mit den Zutaten
gefüllt sein, damit die Schichten nicht verrutschen
können. In jedem Rezept findest du daher eine Angabe
zur Glasgröße und auch einen Hinweis, welches Glas
ich verwendet habe. So kannst du die Mischung eins zu
eins nachmachen und es kann nichts schiefgehen.
Wenn du Gläser recycelst, solltest du beachten, dass
die Hersteller als „Füllmenge" die Menge des Inhalts
(also z. B. Gurken oder Marmelade) auf dem Etikett an-
geben. Der Freiraum zwischen Deckel und Produkt wird
dabei nicht mit eingerechnet. Eventuell musst du daher
das Rezept für die Backmischung oder den Zutatenmix

etwas abwandeln, damit das Glas randvoll gefüllt ist.
Vor dem Herstellen der Mischungen solltest du die Gläser und Deckel gründlich abspülen und abkochen. Auch
Küchengeräte wie Löffel, Schüsseln usw. müssen ganz
sauber sein, um Verunreinigung und Schimmelbildung
vorzubeugen.
Manche Gläser haben einen Hohlraum im Deckel, was
ein vollständiges Befüllen unmöglich macht. Mit einem
kleinen Trick kannst du sie dennoch verwenden: Lege
einfach etwas Frischhaltefolie zwischen den Deckel
und die letzte Schicht, bevor du das Glas verschließt.

Tipps und Tricks

Für das Gelingen der Backmischungen und Zutaten-mixe im Glas solltest du die beiden folgenden Tipps beherzigen:

1. Stoße das Glas nach dem Einfüllen jeder Schicht mehrmals auf die Arbeitsfläche, damit sich die einzelnen Schichten verdichten und alle Zutaten in das Glas passen. Du wirst verwundert sein, wie deutlich sich das Volumen dadurch reduziert!

2. Das Glas muss bis zum Deckel randvoll gefüllt sein, damit beim Transport nichts mehr verrutschen kann.

Die Backmischungen und Zutatenmixe werden nur mit trockenen Zutaten hergestellt. Feuchte, schneller verderbliche Zutaten, wie z.B. Milch und Eier, werden erst von der beschenkten Person hinzugefügt. Dennoch sollten die Mischungen bald verarbeitet werden, da Gewürze, Backpulver, Trockenhefe und andere Zutaten mit der Zeit an Aroma bzw. „Treibkraft" verlieren. Ich empfehle daher, die Mischungen erst kurz vor dem Verschenken herzustellen und bis zum großen Tag an einem kühlen und dunklen Ort aufzubewahren.

Um gebrauchte Gläser von den Etiketten zu befreien, lege diese in ein warmes Wasserbad mit etwas Spülmittel und lasse die Etiketten gut einweichen. Sollten sie sich nicht von selbst ablösen, dann kannst du sie mit einem Topfschwamm abrubbeln. Hartnäckige Kleberreste lassen sich mit etwas Nagellackentferner ablösen. Mit dem Stäbchentest kannst du ganz einfach herausfinden, ob das Gebäck fertig gebacken ist. Hierzu stichst du an der dicksten Stelle des Teiges mit einem Holzstäbchen (z.B. Schaschlikspieß) in das Gebäck. Wenn beim Herausziehen kein flüssiger Teig am Stäbchen klebt, ist das Gebäck fertig.

Zubereitung:
3 Eier, 50 ml Milch (lauwarm), 170 g
weiche Butter (Margarine),
1 Glas Kirschen, Puderzucker

Backofen auf 160 °C Umluft vorheizen, runde
Springform einfetten. Kirschen abtropfen
lassen, Butter cremig schlagen, erst Eier &
Milch dann Backmischung unterrühren. Teig
in Springform geben & Kirschen darauf
verteilen. Kuchen auf unterer Schiene
ca. 50 Min. backen & nach dem
Erkalten mit Puderzucker

Liebevoll dekorieren

Mit nur wenigen Handgriffen lassen sich die Gläser schön verzieren. Ich habe für dich Zubereitungsanleitungen und Glasetiketten für jede Mischung erstellt, die du auf der Webseite zum Buch herunterladen kannst. Drucke sie einfach aus und klebe sie auf dein Glas. Die Materialien zum Download findest du unter: www.joinmygift.com/buch

Den Deckel kannst du mit etwas Stoff, einer Serviette, Butterbrot- oder Backpapier verschönern. Geschenkbänder in allen Variationen geben den letzten Schliff. Für die Verzierung der Gläser eignen sich Textilklebebänder besonders gut, da sie nicht verrutschen können.

Mein Herz schlägt für kreative Geschenke! Egal ob gekocht, gebacken, genäht oder gebastelt. Und weil das so ist, schreibe ich mit Leidenschaft in meinem Blog darüber. Nachmachen sehr erwünscht! Schau doch mal vorbei, ich würde mich sehr freuen: www.joinmygift.com/blog

Dort kannst du dich auch für meinen kostenlosen Newsletter anmelden. Damit halte ich dich auf dem Laufenden über neue Ideen und Exklusivinhalte.

Amaretto-Torte Mischung

Die Backmischung zubereiten

125 g Weizenmehl
(Type 405)
75 g Speisestärke
1/2 TL Backpulver
100 g brauner Zucker
30 g gemahlene Man-
deln
etwa 30 g Amarettini-
kekse
1 Glas mit Deckel à
530 ml (z. B. WECK
Saftflasche)

**Der Beschenkte fügt
noch hinzu**

100 g weiche Butter
(oder Margarine)
2 Eier
140 ml Milch
200 g Schlagsahne
1 Pck. Sahnesteif
1 Pck. Vanillezucker
3 EL Amaretto
Amarettinibrösel zum
Verzieren

Für die Amaretto-Torten-Backmischung mische
das Mehl mit der Speisestärke und dem Backpulver und gib das Ganze als erste Schicht in das
Glas. Stoße das Glas mehrere Male auf die Arbeitsfläche, damit die Schicht zusammensackt und
keine Hohlräume entstehen.

Als nächste Schicht füge den braunen Zucker hinzu. Stoße das Glas abermals öfter auf die Arbeitsfläche, bis sich der Zucker gesetzt hat. Jetzt gib die
gemahlenen Mandeln in das Glas.

Zerbrösele die Amarettinikekse und gib sie als
letzte Schicht ins Glas. Stoße es auch dieses Mal
mehrmals auf die Arbeitsfläche und fülle so viele
Amarettinibrösel nach, bis das Glas randvoll ist.

Verschließe das Glas gut und bewahre es bis zum
Verschenken an einem kühlen und dunklen Ort auf.

Mein Tipp
Je nachdem, wie klein du die Amarettini zerbrö-
selst, passen mehr oder weniger Brösel in das
Glas. Wichtig ist, dass das Glas randvoll ist, damit
später beim Transport nichts Verrutschen kann.

Amaretto-Torte Zubereitung

Mit der Mischung backen

Heize den Backofen auf 180 °C (Umluft) vor und
fette eine runde Springform aus.

Verquirle die weiche Butter mit den Eiern und der
Milch in einer Rührschüssel. Nun füge die Backmischung unter Rühren hinzu, bis ein glatter Teig
entstanden ist.

Fülle den Teig in die vorbereitete Springform und
backe den Kuchen im vorgeheizten Backofen auf
mittlerer Schiene 15–20 Minuten.

Lasse den Kuchen gut abkühlen, bevor du ihn aus
der Form nimmst.

Dann schlage die Sahne mit dem Sahnesteif, dem
Amaretto und dem Vanillezucker steif und streiche
die Creme auf den Kuchen.

Verziere die Torte nach Belieben mit einigen Ama-
rettinibröseln.

Thai-Linsensuppe Mischung

Den Zutatenmix zubereiten

Für 1 Glas à 250 ml

etwa 170 g rote Linsen
1 TL Currypulver
1/2 TL gemahlener
Kurkuma
1 EL Instantpulver für
Gemüsebrühe
1/2 TL gefriergetrock-
netes Zitronengras
1 EL gefriergetrock-
netes Suppengrün
20 g Kokosraspel
1 Glas mit Deckel à
250 ml

Der Beschenkte fügt
noch hinzu

1 kleine Zwiebel
1 kleine Knoblauchzehe
etwas Öl
800 ml Wasser
Salz
Pfeffer aus der Mühle

Für den Zutatenmix für die Thai-Linsensuppe gib als erste Schicht die Hälfte der roten Linsen in das Glas. Stoße das Glas einige Male auf die Arbeitsfläche, damit sich die Schicht gut verdichtet.
Mische jetzt das Currypulver mit Kurkuma, Instantpulver, Zitronengras und Suppengrün und gib die Gewürzmischung in das Glas.

Nun gib die Kokosraspel in das Glas. Als letzte Schicht füge die restlichen Linsen hinzu. Das Glas muss bis zum Rand gefüllt sein. Sollte es noch nicht randvoll sein, gib noch mehr Linsen hinzu.

Verschließe das Glas gut und bewahre es bis zum Verschenken an einem kühlen und dunklen Ort auf.

Thai-Linsensuppe Zubereitung

Mit dem Zutatenmix die Suppe zubereiten

Für 3–4 Portionen benötigt der Beschenkte

1 kleine Zwiebel
1 kleine Knoblauchzehe
etwas Öl
1 Zutatenmix für Thai-Linsensuppe
800 ml Wasser
Salz
Pfeffer aus der Mühle

Schäle die Zwiebel und den Knoblauch und hacke beide klein. Gib etwas Öl in einen großen Topf und erhitze es. Dann dünste die Zwiebeln und den Knoblauch darin an.

Nun füge den Zutatenmix hinzu, verrühre alle Zutaten und gib als Nächstes das Wasser hinzu.

Lasse die Suppe etwa 15 Minuten köcheln, bis die Linsen weich sind. Anschließend püriere die Suppe und schmecke sie mit Salz und Pfeffer ab.

Cashew-Brownies Mischung

Die Backmischung zubereiten

Für die Brownie-Backmischung mische das Mehl mit Backpulver und Salz und fülle das Ganze in das Glas. Stoße das Glas mehrere Male auf die Arbeitsfläche, damit die Schicht gut komprimiert wird und sich das Volumen reduziert.

130 g Weizenmehl
(Type 405)
1/2 TL Backpulver
1 Prise Salz
20 g Kakaopulver zum Backen
70 g weißer Zucker
1 Pck. Vanillezucker
80 g brauner Zucker
80 g Zartbitter-Schokotröpfchen
ca. 70 g Cashewkerne
1 Glas mit Deckel à 500 ml (z. B. von Quattro Stagioni)

Als Nächstes siebe das Kakaopulver und gib es hinzu. Stoße das Glas wieder mehrmals auf die Arbeitsfläche.

Nun mische den weißen Zucker mit dem Vanillezucker und schichte als Nächstes die Zuckermischung ins Glas.

Dann füge den braunen Zucker hinzu und stoße das Glas wieder mehrmals auf die Arbeitsfläche, so kann später nichts verrutschen. Als Nächstes fülle die dunklen Schokotröpfchen in das Glas.

Der Beschenkte fügt noch hinzu

70 ml neutrales Öl, z. B. Sonnenblumenöl
2 Eier
2 EL Milch

Für die letzte Schicht hacke die Cashewkerne klein und gib sie hinzu. Damit das Glas bis zum Rand gefüllt ist, stoße das Glas mehrmals auf die Arbeitsfläche und fülle so lange gehakte Cashewkerne nach, bis es voll ist.

Verschließe das Glas gut und bewahre es bis zum Verschenken an einem kühlen und dunklen Ort auf.

CASHEW BROWNIES

Cashew-Brownies Zubereitung

Mit der Mischung backen

Für 12 Brownies benötigt der Beschenkte

70 ml neutrales Öl, z.B. Sonnenblumenöl plus etwas für die Form
2 Eier
2 EL Milch
1 Backmischung für Cashew-Brownies

Heize den Backofen auf 180 °C (Umluft) vor und fette eine kleine Auflaufform (ca. 18 cm x 20 cm) aus.

Verquirle die Eier mit dem Öl und der Milch in einer Rührschüssel. Nun füge die Backmischung hinzu und verrühre alles zu einem glatten Teig. Fülle den Teig in die vorbereitete Auflaufform.

Backe die Brownies im vorgeheizten Backofen auf mittlerer Schiene 15–20 Minuten.

Die Brownies sind fertig, wenn beim Stäbchentest kein Teig mehr an einem Holz- oder Metallspieß kleben bleibt. Lasse die Brownies gut abkühlen und schneide sie dann in kleine Rechtecke.

Vitalbrot

Vitalbrot Mischung

Die Backmischung zubereiten

Für 1 Glas à 530 ml

200 g Vollkorn-
Weizenmehl
1 Pck. Trockenbackhefe
1 gestr. TL Salz
1 Prise Zucker
110 g Weizenmehl
(Type 405)
20 g geschroteter
Leinsamen
etwa 40 g Sonnen-
blumenkerne
1 Glas mit Deckel à
530 ml (z. B. WECK
Saftflasche)

Der Beschenkte fügt noch hinzu

250 ml lauwarmes
Wasser

Für die Vitalbrot-Backmischung mische das Voll-
korn-Weizenmehl mit Trockenbackhefe, Salz und
Zucker und gib das Ganze als erste Schicht in das
Glas.

Stoße das Glas mehrere Male auf die Arbeitsfläche,
damit sich die Schicht verdichtet. Dann gib das
Weizenmehl hinzu und wiederhole den Vorgang.

Fülle nun die Leinsamen in das Glas. Als letzte
Schicht füge die Sonnenblumenkerne hinzu. Stoße
das Glas immer wieder auf die Arbeitsfläche, damit
möglichst keine Hohlräume entstehen. Fülle so
viele Sonnenblumenkerne nach, bis das Glas randvoll ist.

Verschließe das Glas gut und bewahre es bis zum
Verschenken an einem kühlen und dunklen Ort auf.

Vitalbrot Zubereitung

Mit der Mischung backen

**Für 1 Kastenbrot
(Länge 25 cm)
benötigt der
Beschenkte**

1 Backmischung für
Vitalbrot
250 ml lauwarmes
Wasser

Gib die Backmischung und das lauwarme Wasser
in eine Rührschüssel und verknete die Zutaten
miteinander. Lasse den Teig mit einem Küchenhandtuch abgedeckt an einem warmen Ort etwa
1 Stunde gehen. Dann knete den Teig erneut gut
durch und gib ihn in eine Kastenform.

Heize den Backofen auf 200 °C (Umluft) vor und
lasse währenddessen den Teig ruhen.

Backe das Brot im vorgeheizten Backofen auf un-
terster Schiene 20–25 Minuten.

Lasse das Brot vor dem Anschneiden gut abkühlen.

Mein Tipp
Wenn du wissen willst, ob dein Brot gut durch-
gebacken ist, dann nimm es in die eine Hand und
klopfe mit dem Fingerknöchel der anderen auf
seine Unterseite. Wenn es hohl klingt, kannst du es
aus dem Ofen nehmen.

Haselnussplätzchen Mischung

Die Backmischung zubereiten

Für 1 Glas à 450 ml

etwa 140 g Weizen-
mehl (Type 405)
80 g gemahlene Hasel-
nüsse
70 g weißer Zucker
1 Pck. Vanillezucker
1 Glas mit Deckel à
450 ml

Der Beschenkte fügt noch hinzu

90 g weiche Butter
(oder Margarine)
1 Ei
etwa 50 g Zartbitter-
schokolade
etwas Mehl für die
Arbeitsfläche

Für die Haselnussplätzchen-Backmischung fülle
als erste Schicht die Hälfte des Mehls in das Glas.
Stoße das Glas mehrere Male auf die Arbeitsfläche,
damit sich die Schicht gut verdichtet und sich das
Volumen reduziert.

Als Nächstes füge die Hälfte der gemahlenen Haselnüsse hinzu und drücke die Oberfläche vorsichtig mit einem Saucenlöffel oder Espressostampfer
(Tamper) flach.

Nun mische den weißen Zucker mit dem Vanillezucker und gib das Ganze als nächste Schicht in das
Glas. Dann füge die restlichen Haselnüsse hinzu
und drücke die Schicht erneut an.

Als letzte Schicht fülle das restliche Mehl hinein und stoße das Glas erneut mehrmals auf die
Arbeitsfläche. Achte darauf, dass es randvoll ist
und gib eventuell noch etwas mehr Mehl hinzu, so
kann beim Transport später nichts verrutschen.

Verschließe das Glas gut und bewahre es bis zum
Verschenken an einem kühlen und dunklen Ort auf.

HASELNUSS
PLÄTZCHEN

FÜR MARIE

Haselnussplätzchen Zubereitung

Mit der Mischung backen

Für 1½ Backbleche benötigt der Beschenkte

90 g weiche Butter (oder Margarine)
1 Ei
1 Backmischung für Haselnussplätzchen
etwa 50 g Zartbitterschokolade
etwas Mehl für die Arbeitsfläche

Meine Tipps
Je nach Größe der Ausstechform benötigst du ein oder zwei Backbleche. Meine Kekse (6 x 4 cm) passten auf eineinhalb Bleche. Erhitze die Schokolade nicht zu sehr, sonst bekommt sie später eine unschöne graue Marmorierung.

Gib die weiche Butter in eine Rührschüssel und verquirle sie so lange, bis sie cremig ist. Dann gib das Ei hinzu und verrühre alles zu einer glatten Masse. Als Nächstes füge die Backmischung hinzu und knete sie unter.

Stelle den Teig in Frischhaltefolie eingewickelt 30 Minuten kalt.

Heize den Backofen auf 170 °C (Umluft) vor und belege zwei Backbleche mit Backpapier.

Nun rolle den Teig auf einer bemehlten Arbeitsfläche etwa 0,8 cm dick aus, steche Plätzchen aus und lege sie auf die vorbereiteten Backbleche.

Backe die Haselnussplätzchen im vorgeheizten Backofen auf mittlerer Schiene 8–10 Minuten.

Lasse die Plätzchen gut abkühlen. Dann erwärme die Schokolade im Wasserbad und verziere die Haselnussplätzchen mit der Schokolade.

Chocolate Chip Pancakes Mischung

Den Zutatenmix zubereiten

Für 1 Glas à 400 ml

250 g Instantmehl
(Type 405)
1 Pck. Backpulver
1 Prise Salz
40 g brauner Zucker
etwa 50 g Zartbitter-
Schokotröpfchen
1 Glas mit Deckel à
400 ml (z. B. von
Quattro Stagioni)

Der Beschenkte fügt noch hinzu

2 Eier
60 g Butter plus Butter
zum Braten
350 ml Milch

Für den Zutatenmix für Chocolate Chip Pancakes mische das Mehl mit Backpulver und Salz, dann fülle die Hälfte in das Glas. Stoße das Glas mehrere Male auf die Arbeitsfläche, damit sich die Schicht gut verdichtet und sich das Volumen reduziert.

Gib als Nächstes den braunen Zucker hinzu, gefolgt vom restlichen Mehl. Stoße das Glas wieder mehrmals auf die Arbeitsfläche, so kann später nichts verrutschen.

Als letzte Schicht füge die dunklen Schokotröpfchen hinzu. Fülle so viele Schokotröpfen nach, bis das Glas randvoll ist.

Verschließe das Glas gut und bewahre es bis zum Verschenken an einem kühlen und dunklen Ort auf.

Chocolate Chip Pancakes Zubereitung

Mit dem Zutatenmix die Pancakes zubereiten

2 Eier
60 g Butter plus Butter zum Braten
350 ml Milch
1 Backmischung für Chocolate Chip Pancakes

Mein Tipp
Die Chocolate Chip Pancakes schmecken besonders gut mit etwas Ahornsirup beträufelt.

Schlage die Eier schaumig. Nun schmelze die Butter, lasse sie etwas abkühlen und rühre sie zusammen mit der Milch unter die Eier.

Jetzt gib die Pancake-Mischung hinzu und verrühre alles, bis ein dicker Teig entstanden ist.

Erhitze etwas Butter in einer Pfanne. Gib 1 Portion Teig in die Pfanne und backe den Pancake bei schwacher Hitze ganz langsam goldgelb. Wenn der Pancake auf der Oberseite Blasen wirft, kannst du ihn umdrehen.

Backmischung für Kirschkuchen

Kirschkuchen

Kirschkuchen Mischung

Die Backmischung zubereiten

200 g Weizenmehl
(Type 405)
1 Pck. Backpulver
2 Pck. Vanillezucker
100 g brauner Zucker
etwa 80 g Zartbitter-
Schokoladenraspel
1 Glas mit Deckel à
500 ml (z. B. WECK
Sturzglas)

**Der Beschenkte fügt
noch hinzu**

170 g weiche Butter
(oder Margarine) plus
etwas für die Form
1 Glas Schattenmorellen
3 Eier
50 ml Milch
Puderzucker zum
Bestäuben

Für die Kirschkuchen-Backmischung mische das
Mehl mit dem Backpulver und fülle die Hälfte
davon als erste Schicht in das Glas. Damit sich das
Volumen der Mehlschicht verringert, stoße das
Glas mehrere Male auf die Arbeitsfläche.

Nun verteile den Vanillezucker ringsherum am
Rand des Glases. Als Nächstes gib den braunen
Zucker hinzu. Stoße das Glas wieder mehrere Male
auf die Arbeitsfläche, damit sich die Zuckerschicht
verdichtet.

Als nächste Schicht gib das restliche Mehl hinein
und stoße das Glas abermals einige Male auf die
Arbeitsfläche.

Für die letzte Schicht fülle so viele Schokoladenraspel in das Glas, bis es randvoll ist.

Verschließe das Glas gut und bewahre es bis zum
Verschenken an einem kühlen und dunklen Ort
auf. Eine genaue Anleitung für die Dekoration des
Glases findest du auf Seite 40.

Kirschkuchen Zubereitung

Mit der Mischung backen

Für 1 Kuchen (Ø 26 cm) benötigt der Beschenkte

170 g weiche Butter (oder Margarine) plus etwas für die Form
1 Glas Schattenmorellen
3 Eier
50 ml Milch
1 Backmischung für Kirschkuchen
Puderzucker zum Bestäuben

Heize den Backofen auf 160 °C (Umluft) vor und fette eine runde Springform aus.

Lasse die Schattenmorellen gut abtropfen.

Rühre die weiche Butter schaumig. Dann gib nacheinander die Eier hinzu und schlage jedes auf höchster Stufe etwa 1 Minute unter. Als Nächstes rühre die Milch unter.

Füge nun die Backmischung hinzu und verrühre alles zu einem glatten Teig. Fülle den Teig in die vorbereitete Springform und verteile die Kirschen auf dem Teig.

Backe den Kuchen im vorgeheizten Backofen auf mittlerer Schiene etwa 50 Minuten.

Der Kuchen ist fertig, wenn beim Stäbchentest kein Teig mehr an einem Holz- oder Metallspießchen kleben bleibt. Lasse den Kuchen gut abkühlen und bestäube ihn vor dem Servieren mit Puderzucker.

Dekoideen

Kirschkuchen (Seite 37)

Für diese Dekoidee benötigst du

weißes Papier
(100 g/m² stark)
Kordel oder Schleifen-
band
2 unterschiedliche
Textilklebebänder
(1,5 cm breit)
Schaschlikspieß
Kleber
Schere
Locher
Etiketten-PDF

Lade dir die PDF-Vorlage für die Etiketten von der Webseite zum Buch unter www.joinmygift.com/buch herunter und drucke sie auf weißem Papier aus. Dann schneide das Etikett und die Zubereitungsanleitung aus. Klebe das Kirschkuchen-Etikett vorne auf das Glas.

Falte die Zubereitungsanleitung einmal längs horizontal und klebe die unbedruckten innenliegenden Seiten zusammen. Anschließend falte die Anleitung vertikal, sodass sich der Text für die Zubereitung innen befindet und das Foto außen.

Stanze mit dem Locher ein Loch in die Anleitung und befestige sie mit Hilfe der Kordel oder dem Schleifenband an dem Glas.

Schneide ein 9 cm langes Stück Textilklebeband ab und klebe es um das obere Ende des Schaschlikspießes, sodass die beiden klebenden Seiten aufeinanderliegen. Dann schneide am Ende der entstandenen Fahne ein kleines Dreieck aus. Wiederhole diesen Vorgang mit einem andersfarbigen Textilklebeband.

Schneide den Schaschlikspieß entsprechend der Höhe des Glases zurecht und befestige ihn an diesem.

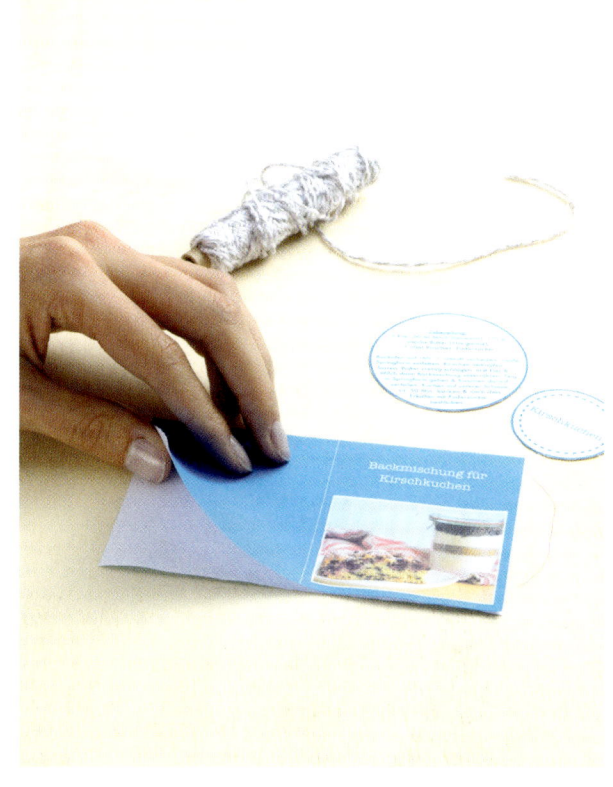

Sahnelikör
Kuchen

Sahnelikör-Kuchen Mischung

Die Backmischung zubereiten

Für 1 Glas à 600 ml

120 g Weizenmehl
(Type 405)
120 g Speisestärke
1 Prise Salz
1 gestr. TL Backpulver
80 g brauner Zucker
100 g weißer Zucker
etwa 50 g Zartbitter-
Schokoladenraspel
1 Glas mit Deckel à
600 ml (z. B. WECK
Zylinderglas)

Der Beschenkte fügt noch hinzu

190 g weiche Butter
(oder Margarine)
4 Eier
20 ml Sahnelikör

Für die Glasur (nach Belieben)
150 g Zartbitter-
schokolade

Für die Backmischung für Sahnelikör-Kuchen mische das Mehl mit Speisestärke, Salz und Backpulver und gib das Ganze in das Glas. Stoße nun das Glas mehrere Male auf die Arbeitsfläche, damit sich die Schicht verdichtet und keine Hohlräume entstehen.

Nun gib den braunen Zucker hinein, gefolgt vom weißen Zucker. Stoße das Glas abermals einige Male auf die Arbeitsfläche.

Als letzte Schicht gib die Schokoladenraspel ins Glas. Stoße das Glas auch dieses Mal mehrmals auf die Arbeitsfläche und fülle so viel Raspel nach, bis das Glas randvoll ist.

Verschließe das Glas gut und bewahre es bis zum Verschenken an einem kühlen und dunklen Ort auf.

Sahnelikör-Kuchen Zubereitung

Mit der Mischung backen

**Für 1 Kastenkuchen
(Länge 25 cm)
benötigt der
Beschenkte**

190 g weiche Butter
(oder Margarine) plus
etwas für die Form
4 Eier
20 ml Sahnelikör
1 Backmischung für
Sahnelikör-Kuchen

**Für die Glasur
(nach Belieben)**
150g Zartbitter-
schokolade

Heize den Backofen auf 160 °C (Umluft) vor und
fette eine kleine Kastenform aus.

Gib die Butter in einen Topf und schmelze sie.
Lasse sie anschließend etwas abkühlen. Gieße die
zerlassene Butter in eine Rührschüssel und verquirle sie mit den Eiern und dem Sahnelikör. Nun
füge die Backmischung unter Rühren hinzu, bis ein
glatter Teig entsteht.

Fülle den Teig in die vorbereitete Kastenform und
backe den Kuchen im vorgeheizten Backofen auf
mittlerer Schiene etwa 1 Stunde.
Der Teig ist fertig, wenn beim Stäbchentest kein
Teig mehr an einem Holz- oder Metallspießchen
kleben bleibt.

Lasse den Kuchen etwa 10 Minuten abkühlen, bevor du ihn aus der Form löst.

Nach Belieben schmelze noch die Zartbitterschokolade bei schwacher Hitze im Wasserbad und
überziehe den Kuchen damit.

Cranberry-Müsliriegel Mischung

Die Backmischung zubereiten

Für 1 Glas à 400 ml

120 g kernige Hafer-
flocken
20 g brauner Zucker
30 g Sonnenblumen-
kerne
20 g Zartbitter-
Schokotröpfchen
etwa 30 g getrocknete
Cranberrys (soft)
1 Glas mit Deckel
à 400 ml (z. B. von
Quattro Stagioni)

**Der Beschenkte fügt
noch hinzu**

40 g weiche Butter
1 Ei

Für die Backmischung für Cranberry-Müsliriegel
gib die Haferflocken als erste Schicht in das Glas.
Dann stoße das Glas mehrere Male auf die Arbeitsfläche, damit die Schicht gut komprimiert wird und
sich das Volumen reduziert.

Jetzt füge den braunen Zucker, gefolgt von den
Sonnenblumenkernen, hinzu und stoße das Glas
wieder mehrmals auf die Arbeitsfläche.

Gib als Nächstes die Schokotröpfchen hinzu.

Für die letzte Schicht füge die Cranberrys hinzu.
Fülle so viele Cranberrys in das Glas, bis es randvoll ist.

Verschließe das Glas gut und bewahre es bis zum
Verschenken an einem kühlen und dunklen Ort auf.

Cranberry
Müsliriegel

Cranberry-Müsliriegel Zubereitung

Mit der Mischung backen

Für etwa 18 Müsli-riegel benötigt der Beschenkte

1 Ei
40 g weiche Butter
1 Backmischung für
Cranberry-Müsliriegel

Heize den Backofen auf 160 °C (Umluft) vor und belege ein Backblech mit Backpapier.

Verquirle das Ei mit der Butter in einer Rührschüssel. Dann füge unter Kneten die Backmischung hinzu, bis eine kompakte Masse entstanden ist. Nun streiche die Masse in Form eines Quadrats (18 cm x 18 cm) auf das Backblech und drücke sie gut an.

Backe das Ganze im vorgeheizten Backofen im unteren Drittel 15–20 Minuten.

Lasse die Masse anschließend auf dem Backblech abkühlen. Dann schneide sie in gleich große Riegel.

Herzchen Nudelpfanne

Herzchen-Nudelpfanne Mischung

Den Zutatenmix zubereiten

Für 1 Glas à 1000 ml

1 EL Instantpulver für
Gemüsebrühe
2 EL getrocknete Kräu-
ter der Provence
1 EL gefriergetrocknete
Salatkräuter
etwa 195 g rote Herz-
chen-Nudeln
etwa 195 g helle
Herzchen-Nudeln
30 g getrocknete
Tomaten
1 Glas mit Deckel à
1000 ml (z. B. von
Quattro Stagioni)

**Der Beschenkte fügt
noch hinzu**

800 ml Wasser
200 g Sahne
400 g Hackfleisch
Salz
Pfeffer aus der Mühle

Für den Zutatenmix für die Herzchen-Nudelpfanne
mische das Instantpulver mit den Kräutern und gib
die Mischung in das Glas. Stoße das Glas einige
Male auf die Arbeitsfläche, damit sich die Kräutermischung verdichtet.

Nun gib die Hälfte der roten Herzchen-Nudeln,
gefolgt von der Hälfte der hellen Herzchen-Nudeln,
hinein. Schneide die getrockneten Tomaten in
kleine Stücke und füge sie ebenfalls hinzu. Als
letzte Schicht fülle die restlichen hellen Nudeln,
gefolgt von den restlichen roten Nudeln, ein. Das
Glas muss randvoll sein. Sollte noch etwas Platz
bis zum Deckel bleiben, gib einfach mehr Nudeln
hinzu.

Verschließe das Glas gut und bewahre es bis zum
Verschenken an einem kühlen und dunklen Ort
auf. Eine genaue Anleitung für die Dekoration des
Glases findest du auf Seite 71.

Herzchen-Nudelpfanne Zubereitung

Mit dem Zutatenmix die Nudelpfanne zubereiten

Für 4 Portionen benötigt der Beschenkte

800 ml Wasser
200 g Sahne
1 Zutatenmix für
Herzchen-Nudelpfanne
400 g Hackfleisch
Salz
Pfeffer aus der Mühle

Gib das Wasser und die Sahne in eine große Pfanne und erhitze die Flüssigkeiten. Dann rühre den Zutatenmix ein und lasse die Masse ohne Deckel köcheln bis die Nudeln gar sind, dabei gelegentlich umrühren.

Sollte die Flüssigkeit aufgesogen sein, bevor die Nudeln gar sind, dann gib etwas mehr Wasser hinzu.

Während die Nudeln garen, brate das Hackfleisch in einer Pfanne krümelig und braun. Rühre es vor dem Servieren unter die Nudelpfanne und schmecke das Ganze mit Salz und Pfeffer ab.

Fruchtige Scones Mischung

Die Backmischung zubereiten

Für 1 Glas à 530 ml

150 g Mehl
2 TL Backpulver
1 Prise Salz
30 g brauner Zucker
80 g zarte Hafer-
flocken
etwa 30 g getrocknete
Cranberrys (soft)
40 g getrocknete
Aprikosen (soft)
1 Glas mit Deckel à
530 ml (z. B. WECK
Saftflasche)

**Der Beschenkte fügt
noch hinzu**

1 Ei
40 g zerlassene Butter
50 ml Milch
Mehl zum Bestäuben

Für die Backmischung für Cranberry-Aprikosen-Scones mische das Mehl mit Backpulver und Salz und fülle das Ganze in das Glas. Dann stoße es mehrere Male auf die Arbeitsfläche, damit sich die Schicht verdichtet. Nun gib den braunen Zucker hinzu.

Füge nun die Haferflocken hinzu und stoße das Glas erneut mehrere Male auf die Arbeitsfläche, damit so wenig Hohlräume wie möglich entstehen.

Jetzt schneide die Aprikosen in kleine Stücke und gib sie hinein. Dann fülle so viele Cranberrys in das Glas, bis es randvoll ist.

Verschließe das Glas gut und bewahre es bis zum Verschenken an einem kühlen und dunklen Ort auf.

Cranberry
Aprikosen
Scones

Fruchtige Scones Zubereitung

Mit der Mischung backen

Für 8 Scones benötigt der Beschenkte

1 Ei
40 g zerlassene Butter
50 ml Milch
1 Backmischung für Cranberry-Aprikosen-Scones
Mehl für die Arbeits-fläche

Mein Tipp
Am besten schmecken die Scones noch warm mit etwas Butter und Marmelade bestrichen.

Heize den Backofen auf 200 °C (Umluft) vor und belege ein Backblech mit Backpapier.

Verquirle das Ei mit der flüssigen Butter und der Milch in einer Rührschüssel. Als Nächstes gib die Backmischung hinzu und verknete alle Zutaten zu einem kompakten Teig.

Forme dann aus dem Teig auf einer mit Mehl be-stäubten Arbeitsfläche einen runden, flachen Taler (etwa 20 Ø). Dann schneide den Taler in 8 gleich große Tortenstücke, indem du ihn wie einen run-den Kuchen zerteilst.

Lege die entstandenen Stücke auf das Backblech und backe die Scones im vorgeheizten Backofen auf mittlerer Schiene etwa 10 Minuten.

Buchstabensuppe Mischung

Den Zutatenmix zubereiten

Für 1 Glas à 160 ml

1 EL Instantpulver für
Gemüsebrühe
1 EL gefriergetrock-
netes Suppengrün
1 TL gefriergetrocknete
Petersilie
etwa 70 g Buchstaben-
nudeln
1 Glas mit Deckel à
160 ml

Der Beschenkte fügt noch hinzu

600 ml Wasser
Salz
Pfeffer aus der Mühle

Für den Zutatenmix für Buchstabensuppe mische das Instantpulver mit dem Suppengrün und der Petersilie und gib die Mischung in das Glas. Stoße es einige Male auf die Arbeitsfläche, damit die Kräutermischung komprimiert wird.

Nun füge die Buchstabennudeln hinzu. Stoße das Glas erneut mehrmals auf die Arbeitsfläche. Das Glas muss randvoll sein. Sollte noch etwas Platz bis zum Deckel bleiben, dann gib einfach mehr Nudeln hinein.

Verschließe das Glas gut und bewahre es bis zum Verschenken an einem kühlen und dunklen Ort auf. Eine genaue Anleitung für die Dekoration des Glases findest du auf Seite 70.

Buchstabensuppe

Buchstabensuppe Zubereitung

Mit dem Zutatenmix die Suppe zubereiten

Für 2 Portionen benötigt der Beschenkte

600 ml Wasser
1 Zutatenmix für Buch-
stabensuppe
Salz
Pfeffer aus der Mühle

Mein Tipp
Zum Schulanfang oder
als Genesungsgruß ist
die Buchstabensuppe
eine tolle Idee!

Gib das Wasser in einen Topf und erhitze es. Wenn das Wasser kocht, rühre den Zutatenmix ein und lasse die Suppe etwa 7 Minuten köcheln, bis die Nudeln gar sind.

Schmecke die Buchstabensuppe zum Schluss mit Salz und Pfeffer ab.

Mini
Marshmallow
Muffins

Marshmallow-Muffins Mischung

Die Backmischung zubereiten

Für 1 Glas à 500 ml

170 g Weizenmehl
(Type 405)
1 Pck. Vanillezucker
2 TL Backpulver
1/2 TL Natron
1 Prise Salz
150 g brauner Zucker
2 EL Kakaopulver zum
Backen
etwa 40 g Mini-Marsh-
mallows
1 Glas mit Deckel à
500 ml (z. B. WECK
Sturzglas)

**Der Beschenkte fügt
noch hinzu**

150 g weiche Butter
(oder Margarine)
2 Eier
150 ml Milch

Für die Backmischung für Mini-Marshmallow-Muf-
fins mische das Mehl mit Vanillezucker, Backpulver,
Natron und Salz und fülle die Hälfte in das Glas.
Stoße das Glas mehrere Male auf die Arbeitsfläche,
damit die Schicht gut komprimiert wird und sich
das Volumen reduziert.

Nun fülle den braunen Zucker in das Glas und
stoße es wieder mehrmals auf die Arbeitsfläche,
damit so wenig Hohlräume wie möglich entstehen.

Mische nun die restliche Mehlmischung mit dem
Kakaopulver und fülle sie in das Glas. Stoße dieses
abermals öfter auf die Arbeitsfläche, so kann
später nichts verrutschen. Drücke die Oberfläche
vorsichtig mit einem Saucenlöffel oder Espressostampfer (Tamper) an.

Als letzte Schicht fülle so viele Mini-Marshmallows
in das Glas, bis es randvoll gefüllt ist.

Verschließe das Glas gut und bewahre es bis zum
Verschenken an einem kühlen und dunklen Ort auf.

Mein Tipp
Mini-Marshmallows sind nicht überall erhältlich. Du
kannst auch größere Marshmallows klein schnei-
den und diese für die Backmischung verwenden.

Marshmallow-Muffins Zubereitung

Für 12 Muffins benötigt der Beschenkte

12 Papiermuffin-
förmchen
150 g weiche Butter
(oder Margarine)
2 Eier
150 ml Milch
1 Backmischung für
Mini-Marshmallow-
Muffins

Mit der Mischung backen

Heize den Backofen auf 160 °C (Umluft) vor und setze die Papiermuffinförmchen in die Vertiefungen eines Muffinblechs.

Schlage die Butter in einer Rührschüssel cremig und verrühre sie mit den Eiern und der Milch zu einer homogenen Masse. Dann füge die Backmischung hinzu und verrühre alles zu einem glatten Teig. Als Nächstes fülle den Teig in die vorbereiteten Muffinförmchen.

Backe die Muffins im vorgeheizten Backofen etwa 20 Minuten auf mittlerer Schiene.

Die Muffins sind fertig, wenn beim Stäbchentest kein Teig mehr an einem Holz- oder Metallspießchen kleben bleibt. Lasse die Muffins in der Form etwas abkühlen.

Kokos-Muffins Mischung

Die Backmischung zubereiten

Für 1 Glas à 600 ml

170 g Weizenmehl
(Type 405)
2 1/2 TL Backpulver
1/2 TL Natron
1 Pck. Vanillezucker
110 g brauner Zucker
60 g Kokosraspel
etwa 60 g weiße
Raspelschokolade
1 Glas mit Deckel à
600 ml (z. B. WECK
Zylinderglas)

Der Beschenkte fügt noch hinzu

2 Eier
80 ml neutrales Öl,
z. B. Sonnenblumenöl
200 ml Naturjoghurt
2 EL Rum

Für die Kokos-Muffins-Backmischung mische das Mehl mit Backpulver, Natron und Vanillezucker und fülle die Mischung in das Glas. Stoße das Glas mehrere Male auf die Arbeitsfläche, damit die Schicht gut komprimiert wird und sich das Volumen reduziert.

Nun fülle den braunen Zucker in das Glas und stoße es wieder mehrmals auf die Arbeitsfläche.

Gib als nächste Schicht die Kokosraspel hinzu und stoße das Glas wieder einige Male auf die Arbeitsfläche, so kann später nichts verrutschen.

Als letzte Schicht gib die weiße Raspelschokolade hinzu. Stoße das Glas mehrmals auf die Arbeitsfläche und fülle so viel Raspelschokolade nach, bis es randvoll ist.

Verschließe das Glas gut und bewahre es bis zum Verschenken an einem kühlen und dunklen Ort auf.

Kokos
Muffins

Kokos-Muffins Zubereitung

Mit der Mischung backen

Für 12 Muffins benötigt der Beschenkte

12 Papiermuffin-
förmchen
2 Eier
80 ml neutrales Öl,
z. B. Sonnenblumenöl
200 ml Naturjoghurt
2 EL Rum
1 Backmischung für
Kokos-Muffins

Heize den Backofen auf 160 °C (Umluft) vor und setze die Papiermuffinförmchen in die Vertiefungen eines Muffinblechs.

Verrühre die Eier mit dem Öl, dem Naturjoghurt und dem Rum. Dann füge die Backmischung hinzu und verrühre alles zu einem glatten Teig. Fülle den Teig in die vorbereiteten Muffinförmchen.

Backe die Muffins im vorgeheizten Backofen etwa 20 Minuten auf mittlerer Schiene.

Die Muffins sind fertig, wenn beim Stäbchentest kein Teig mehr an einem Holz- oder Metallspießchen kleben bleibt. Lasse die Muffins in der Form etwas abkühlen.

Dekoideen

Buchstabensuppe (Seite 58)

Buchstabensuppe (Seite 58)

Für diese Dekoidee benötigst du

Motivpappe
Transparentpapier
Schleifenband
Lochzange
Nietenzange und Niete
Schere
Etiketten-PDF

Schneide aus der Motivpappe ein Rechteck mit den Maßen 9 x 4 cm aus. Als Nächstes beschrifte das Transparentpapier mit dem Namen der Mischung oder bedrucke es mit der Vorlage, die du auf der Webseite zum Buch unter www.joinmygift.com/buch findest. Schneide rings um den Namen ebenfalls ein Rechteck mit den Maßen 9 x 2,5 cm aus. Lege beide Rechtecke mittig aufeinander.

Stanze nun mit der Lochzange ein Loch mittig in die oberen Enden der Rechtecke und drücke mit der Nietenzange die Niete hindurch. Dann befestige das Etikett mit etwas Schleifenband am Glas.

Herzchen-Nudelpfanne (Seite 51)

Lege den Deckel auf den Stoff und zeichne den Umriss nach. Dann zeichne mit 5 cm Abstand zur Markierung einen weiteren Kreis ringsherum und schneide diesen aus. Schraube den Deckel auf das Glas und platziere den Stoff mittig auf diesem. Fixiere den Stoff mit Hilfe der Kordel, dabei solltest du so viel Kordel nehmen, dass zwei längere Kordelenden am Glas herunterhängen.

Schneide aus dem farbigen Fotokarton ein Rechteck mit den Maßen 10 x 2 cm aus. Nun beschrifte das Transparentpapier mit dem Namen der Mischung oder bedrucke es mit der Vorlage, die du auf der Webseite zum Buch unter www.joinmygift.com/buch findest. Schneide rings um den Namen ebenfalls ein Rechteck von 10 x 2 cm aus. Lege die beiden Rechtecke übereinander und schneide als Nächstes an den unteren Enden jeweils ein Dreieck aus.

Lege beide Rechtecke aufeinander, stanze mit dem Locher ein Loch in das gerade Ende und binde die Schildchen mit der Kordel an das Glas. Zu guter Letzt befestige den Holzlöffel am Glas.

Für diese Dekoidee benötigst du

farbigen Stoff
Kordel
farbigen Fotokarton
Transparentpapier
Holzlöffel
Locher
Schere
Etiketten-PDF

Rosinenstuten Mischung

Die Backmischung zubereiten

290 g Weizenmehl
(Type 405)
1/2 Pck. Vanillezucker
1 Prise Salz
50 g brauner Zucker
10 g gehackte Mandeln
etwa 50 g Rosinen
1 Glas mit Deckel à
530 ml (z. B. WECK
Saftflasche)

**Der Beschenkte fügt
noch hinzu**

1/2 Würfel Hefe
5–6 EL lauwarme Milch
80 g Butter
2 Eier
100 g Speisequark
(Magerstufe)
Mehl für die Arbeits-
fläche

Für die Rosinenstuten-Backmischung mische das Mehl mit Vanillezucker und Salz und gib das Ganze in das Glas. Damit das Mehl eine kompakte Schicht bildet, stoße das Glas mehrere Male auf die Arbeitsfläche.

Dann gib den braunen Zucker in das Glas und stoße das Glas wieder öfter auf die Arbeitsfläche, um Hohlräume zu vermeiden.

Nun gib die gehackten Mandeln hinzu. Als letzte Schicht fülle die Rosinen in das Glas. Drücke die Rosinen vorsichtig hinein und füge so viele Rosinen hinzu, bis das Glas randvoll ist.

Verschließe das Glas gut und bewahre es bis zum Verschenken an einem kühlen und dunklen Ort auf.

Rosinenstuten Zubereitung

Mit der Mischung backen

Für 1 Rosinenstuten benötigt der Beschenkte

1 Backmischung für Rosinenstuten
1/2 Würfel Hefe
5–6 EL lauwarme Milch
80 g Butter
2 Eier
100 g Speisequark (Magerstufe)
Mehl für die Arbeits-fläche

Alle Zutaten sollten Zimmertemperatur haben. Gib die Backmischung in eine Rührschüssel und drücke eine kleine Vertiefung in die Mitte. Brösele nun die Hefe hinein und gib 4 EL lauwarme Milch (auf keinen Fall heiße!) hinzu. Lasse die Hefe einige Minuten ruhen.

Schmelze die Butter in einem kleinen Topf und lasse sie auf Zimmertemperatur abkühlen. Trenne 1 Ei. Nun gib die flüssige Butter, den Magerquark, 1 ganzes Ei und das Eiweiß zur Backmischung und verknete alles zu einem glatten Teig. Lasse den Teig abgedeckt etwa 30 Minuten an einem war-men Ort ruhen, bis er sich deutlich vergrößert hat.

Dann knete den Teig erneut durch, forme ihn auf einer leicht bemehlten Arbeitsfläche zu einem länglichen Laib und lege ihn in eine Kastenform (30 cm Länge). Lasse den Teig abermals abgedeckt etwa 30 Minuten an einem warmen Ort gehen, bis er sich deutlich vergrößert hat.

Heize den Backofen auf 160 °C (Umluft) vor. Schnei-de den Teig längs 1–2 cm tief ein. Dann verrühre die restlichen 1–2 EL Milch mit dem Eigelb und bestrei-che den Stuten damit. Backe ihn etwa 30 Minuten im unteren Drittel des vorgeheizten Backofens, bis er goldbraun ist. Lasse ihn in der Form abkühlen.

Italienisches Ciabatta Mischung

Die Backmischung zubereiten

Für 1 Glas à 500 ml

320 g Weizenmehl
[Type 550]
1 Pck. Trockenhefe
1/2 TL Zucker
1/2 TL Salz
1/2 EL getrockneter
Rosmarin
1 EL getrocknetes
Basilikum
1 EL getrocknete
italienische Kräuter-
mischung
etwa 60 g getrocknete
Tomaten
1 Glas mit Deckel
à 500 ml (z. B. von
Quattro Stagioni)

Der Beschenkte fügt noch hinzu

250 ml lauwarmes
Wasser
20 ml Olivenöl

Für die Ciabatta-Backmischung mische das Mehl mit der Hefe und gib zwei Drittel davon als erste Schicht in das Glas. Stoße das Glas mehrere Male auf die Arbeitsfläche, damit sich die Schicht verdichtet. Drücke das Mehl vorsichtig mit einem Saucenlöffel oder Espressostampfer (Tamper) zusammen.

Nun mische das restliche Mehl mit Zucker, Salz und getrockneten Kräutern und gib die Mischung als nächste Schicht in das Glas. Stoße dieses wieder einige Male auf die Arbeitsfläche, damit sich das Volumen reduziert. Drücke anschließend die Mehl-Kräuter-Schicht mit dem Saucenlöffel oder Espressostampfer sorgfältig in das Glas.

Schneide die getrockneten Tomaten in kleine Stücke und füge sie als letzte Schicht hinzu. Drücke die Tomatenstücke vorsichtig hinein und fülle so viele nach, bis das Glas randvoll ist.

Verschließe das Glas gut und bewahre es bis zum Verschenken an einem kühlen und dunklen Ort auf.

Italienisches Ciabatta Zubereitung

Mit der Mischung backen

Für 1 Ciabatta benötigt der Beschenkte

1 Backmischung für Italienisches Ciabatta
250 ml lauwarmes Wasser
20 ml Olivenöl
Mehl für die Arbeitsfläche

Gib die Backmischung in eine Rührschüssel und füge das lauwarme Wasser und das Olivenöl hinzu. Nun verknete alle Zutaten miteinander.

Lasse den Teig mit einem Küchenhandtuch abgedeckt an einem warmen Ort etwa 1 Stunde gehen, bis er sich deutlich vergrößert hat. Dann forme auf einer leicht bemehlten Arbeitsfläche aus dem Teig ein längliches Brot und lege es auf ein mit Backpapier belegtes Backblech.

Heize den Backofen auf 200 °C (Umluft) vor und lasse währenddessen den Teig abgedeckt ruhen.

Backe das Ciabatta im vorgeheizten Backofen 20–25 Minuten auf der untersten Schiene.

Lasse das Brot vor dem Anschneiden gut abkühlen.

Knusper-Muffins Mischung

Die Backmischung zubereiten

Für 1 Glas à 600 ml

200 g Weizenmehl
(Type 405)
1 Pck. Vanillezucker
3 gestr. TL Backpulver
1/2 TL Natron
130 g brauner Zucker
etwa 60 g Schoko-
Knuspermüsli
1 Glas mit Deckel à
600 ml (z. B. WECK
Zylinderglas)

**Der Beschenkte fügt
noch hinzu**

3 Eier
170 g weiche Butter
(oder Margarine)
150 ml Milch

Für die Knusper-Muffins-Backmischung mische das Mehl mit Vanillezucker, Backpulver und Natron und fülle die Hälfte in das Glas. Stoße das Glas mehrere Male auf die Arbeitsfläche, damit die Schicht gut komprimiert wird und sich das Volumen reduziert.

Nun fülle den braunen Zucker in das Glas und stoße es wieder mehrmals auf die Arbeitsfläche.

Gib als nächste Schicht die restliche Mehlmischung hinzu und stoße das Glas wieder einige Male auf die Arbeitsfläche, so kann später nichts verrutschen.

Als letzte Schicht gib das Schoko-Knuspermüsli hinzu. Stoße das Glas mehrmals auf die Arbeitsfläche und fülle so viel Schoko-Knuspermüsli nach, bis es randvoll ist.

Verschließe das Glas gut und bewahre es bis zum Verschenken an einem kühlen und dunklen Ort auf.

Knusper-Muffins Zubereitung

Mit der Mischung backen

Für 12 Muffins benötigt der Beschenkte

12 Papiermuffin-
förmchen
3 Eier
170 g weiche Butter
(oder Margarine)
150 ml Milch
1 Backmischung für
Knusper-Muffins

Heize den Backofen auf 160 °C (Umluft) vor und setze die Papiermuffinförmchen in die Vertiefungen eines Muffinblechs.

Schlage die Butter in einer Rührschüssel cremig und verrühre sie mit den Eiern und der Milch zu einer homogenen Masse. Dann füge die Backmischung hinzu und verrühre alles zu einem glatten Teig. Als Nächstes fülle den Teig in die vorbereiteten Muffinförmchen.

Backe die Muffins im vorgeheizten Backofen etwa 20 Minuten auf mittlerer Schiene.

Die Muffins sind fertig, wenn beim Stäbchentest kein Teig mehr an einem Holz- oder Metallspießchen kleben bleibt. Lasse die Muffins in der Form etwas abkühlen.

Energie
Bomben

Energie-Bomben Mischung

Die Backmischung zubereiten

Für 1 Glas à 400 ml

40 g Weizenmehl
(Type 405)
40 g brauner Zucker
120 g kernige Hafer-
flocken
20 g Zartbitter-Raspel-
schokolade
etwa 30 g gehackte
Mandeln
1 Glas mit Deckel
à 400 ml (z. B. von
Quattro Stagioni)

Der Beschenkte fügt noch hinzu

1 Ei
70 g weiche Butter
(oder Margarine)

Für die Energie-Bomben-Backmischung fülle als erste Schicht das Mehl in das Glas und stoße es mehrere Male auf die Arbeitsfläche, damit sich die Schicht gut verdichtet und sich das Volumen reduziert. Als Nächstes gib den braunen Zucker hinzu und wiederhole den Vorgang.

Gib dann die Haferflocken in das Glas und stoße es wieder mehrmals auf die Arbeitsfläche. Dann gib die Raspelschokolade hinzu. Stoße das Glas erneut öfter auf die Arbeitsfläche, damit später nichts verrutschen kann.

Als letzte Schicht füge die gehackten Mandeln hinzu. Gib so viele in das Glas, bis es randvoll ist.

Verschließe das Glas gut und bewahre es bis zum Verschenken an einem kühlen und dunklen Ort auf.

Energie-Bomben Zubereitung

Mit der Mischung backen

Für 24 Energie-Bomben benötigt der Beschenkte

1 Ei
70 g weiche Butter (oder Margarine)
1 Backmischung für Energie-Bomben

Heize den Backofen auf 160 °C (Umluft) vor und belege ein Backblech mit Backpapier.

Verrühre das Ei mit der Butter in einer Rührschüssel und füge die Backmischung hinzu. Verknete alles zu einem glatten Teig. Forme dann aus dem Teig 24 gleich große Kugeln und setze sie auf das Backblech.

Backe die Energie-Bomben im vorgeheizten Backofen etwa 15 Minuten auf mittlerer Schiene.

Backmischung für Bunte Cookies

Bunte Cookies Mischung

Die Backmischung zubereiten

Für 1 Glas à 500 ml

120 g Weizenmehl
(Type 405)
1 gestr. TL Backpulver
1 gestr. TL Natron
1 Prise Salz
80 g brauner Zucker
80 g weißer Zucker
60 g zarte Haferflocken
etwa 80 g bunte Scho-
kolinsen
1 Glas mit Deckel à
500 ml (z. B. WECK
Sturzglas)

**Der Beschenkte fügt
noch hinzu**

60 g weiche Butter
(oder Margarine)
1 Ei

Für die Bunte-Cookies-Backmischung mische das Mehl mit Backpulver, Natron und Salz und fülle es als erste Schicht in das Glas. Stoße das Glas mehrere Male auf die Arbeitsfläche, damit sich die Schicht gut verdichtet und sich das Volumen reduziert.

Als Nächstes gib den braunen Zucker, dann den weißen Zucker in das Glas. Stoße es erneut einige Male auf die Arbeitsfläche, damit sich die Schichten gut verdichten.

Dann gib die Haferflocken in das Glas und stoße es wieder mehrmals auf die Arbeitsfläche, dann kann später nichts verrutschen.

Als letzte Schicht fülle so viele Schokolinsen in das Glas, bis es randvoll ist.

Verschließe das Glas gut und bewahre es bis zum Verschenken an einem kühlen und dunklen Ort auf. Eine genaue Anleitung für die Dekoration des Glases findest du auf Seite 96.

Bunte Cookies Zubereitung

Mit der Mischung backen

**Für 20 Cookies
benötigt der
Beschenkte**

60 g weiche Butter
(oder Margarine)
1 Ei
1 Backmischung für
Bunte Cookies
etwas Mehl für die
Arbeitsfläche

Schlage die weiche Butter so lange in einer Rührschüssel, bis sie cremig ist. Dann gib das Ei hinzu
und verrühre alles zu einer glatten Masse. Als
Nächstes knete die Backmischung kurz unter.

Stelle den Teig eine halbe Stunde kalt. Heize den
Backofen auf 160 °C (Umluft) vor und belege zwei
Backbleche mit Backpapier.

Nun forme aus dem Teig auf einer leicht bemehlten Arbeitsfläche etwa 20 walnussgroße Bällchen
und verteile sie auf den Backblechen. Achte darauf, dass zwischen den Bällchen genügend Platz
ist, da sie sich beim Backen deutlich vergrößern.

Backe die Bunten Cookies im vorgeheizten Backofen auf mittlerer Schiene 8–10 Minuten.

Bulgur-Bällchen Mischung

Den Zutatenmix zubereiten

Für 1 Glas à 250 ml

etwa 160 g Bulgur
1 TL Currypulver
1 TL Kreuzkümmel
2 TL gefriergetrocknete
Minze
1 EL Instantpulver für
Gemüsebrühe
10 g geröstete, ge-
trocknete Zwiebeln
20 g getrocknete
Tomaten
1 Glas mit Deckel à
250 ml

**Der Beschenkte fügt
noch hinzu**

400 ml Wasser
2 Eier
3 EL Vollkornmehl
Öl zum Braten

Für den Bulgur-Bällchen-Zutatenmix gib die Hälfte
des Bulgurs in das Glas. Stoße das Glas einige
Male auf die Arbeitsfläche, damit sich die Schicht
gut verdichtet.

Dann mische die Gewürze mit dem Instantpulver
und den gerösteten Zwiebeln und gib die Gewürz-
Zwiebel-Mischung als nächste Schicht in das Glas.

Schneide die getrockneten Tomaten in kleine Stücke und füge sie hinzu. Jetzt fülle das Glas mit dem
restlichen Bulgur auf. Sollte es nicht ganz voll sein,
dann gib noch mehr Bulgur hinzu.

Verschließe das Glas gut und bewahre es bis zum
Verschenken an einem kühlen und dunklen Ort auf.

Bulgur-Bällchen Zubereitung

Mit dem Zutatenmix die Bulgur-Bällchen zubereiten

Für 2–3 Portionen benötigt der Beschenkte

400 ml Wasser
1 Zutatenmix für
Bulgur-Bällchen
2 Eier
3 EL Vollkornmehl
Öl zum Braten

Bringe das Wasser zum Kochen, rühre den Zutatenmix ein und lasse die Mischung etwa 3 Minuten köcheln. Dann lasse den Bulgur 15–20 Minuten abgedeckt quellen.

Rühre die Eier und das Mehl unter die abgekühlte Masse. Erhitze etwas Öl in einer Pfanne. Als Nächstes forme kleine Bällchen aus der Bulgur-Masse und brate sie bei mittlerer Hitze in dem Öl an, bis sie von allen Seiten knusprig sind.

Dekoideen

Bunte Cookies (Seite 89)

Bunte Cookies (Seite 89)

Für diese Dekoidee benötigst du

weißes Papier
(100 g/m² stark)
Transparentpapier
verschiedenfarbigen
Fotokarton
Schleifenband
Locher
Kleber oder doppel-
seitiges Klebeband
Schere
Etiketten-PDF

Lade dir die PDF-Vorlage für die Zubereitung von der Webseite zum Buch www.joinmygift.com/buch herunter und drucke sie auf weißem Papier aus. Schneide die Zubereitungsanleitung aus. Dann schneide den Stern aus der Zubereitungsanleitung aus.

Schneide aus dem Transparentpapier ein Rechteck mit den Maßen 12 x 7 cm aus. Falte das Rechteck einmal auf die Maße 6 x 7 cm.

Stanze mit dem Locher aus dem farbigen Foto-karton Konfetti aus und platziere dieses mittig auf dem Transparentpapier. Nun klebe die Ränder des Transparentpapiers aufeinander.

Als Nächstes klebe das Konfetti-Päckchen auf die Innenseite der Zubereitungsanleitung hinter den Stern. Falte die Zubereitungsanleitung einmal längs horizontal um und klebe die unbedruckten innenliegenden Seiten zusammen. Anschließend falte die Anleitung vertikal, sodass sich die Zube-reitungsanleitung innen befindet und der Name der Mischung außen.

Stanze mit dem Locher ein Loch in die Anleitung und befestige sie mit Hilfe des Schleifenbandes an dem Glas.

Kaiserschmarrn Mischung

Den Zutatenmix zubereiten

Für 1 Glas à 250 ml

110 g Weizenmehl
(Type 405)
1 Prise Salz
1 Pck. Vanillezucker
40 g brauner Zucker
etwa 50 g Rosinen
1 Glas à 250 ml mit
Deckel

Der Beschenkte fügt noch hinzu

4 Eier
300 ml Milch
1 EL Rum
Butter zum Braten
Puderzucker zum
Bestäuben

Für den Kaiserschmarrn-Zutatenmix mische das Mehl mit Salz und Vanillezucker und gib die Hälfte der Mischung als erste Schicht in das Glas. Stoße das Glas mehrmals auf die Arbeitsfläche, damit sich das Volumen deutlich reduziert.

Als zweite Schicht fülle den braunen Zucker in das Glas, gefolgt von der restlichen Mehlmischung. Stoße auch dieses Mal das Glas mehrmals auf die Arbeitsfläche, damit die Schichten gut komprimiert werden. Nun füge die Rosinen hinzu. Das Glas muss randvoll sein, gib eventuell mehr oder weniger Rosinen hinzu.

Verschließe das Glas gut und bewahre es bis zum Verschenken an einem kühlen und dunklen Ort auf.

KAISERSCHMARRN

Kaiserschmarrn Zubereitung

Mit dem Zutatenmix den Kaiserschmarrn zubereiten

Für 3–4 Portionen benötigt der Beschenkte

4 Eier
300 ml Milch
1 EL Rum
1 Zutatenmix für Kaiserschmarrn
Butter zum Braten
Puderzucker zum Bestäuben

Trenne die Eier und stelle die Eiweiße kalt. Verquirle die Eigelbe mit der Milch und dem Rum. Dann gib unter ständigem Rühren den Zutatenmix in mehreren Portionen hinzu und rühre so lange, bis ein flüssiger Teig entsteht.

Nun schlage die Eiweiße steif und hebe sie vorsichtig mit einem Teigspatel unter den Teig.

Zerlasse bei geringer Hitze etwas Butter in einer großen Pfanne und gib den Teig hinein. (Bei einer kleinen Pfanne Kaiserschmarrn in zwei Portionen zubereiten.) Wenn der Teig stockt und die Unterseite leicht gebräunt ist, teile den Teig mithilfe von zwei Gabeln in Viertel und wende diese.

Sobald die Unterseite der Viertel leicht gebräunt ist, zerreiße den Teig mit den Gabeln in kleine Stücke und wende diese in der Pfanne, bis sie goldbraun sind. Bestäube den Kaiserschmarrn vor dem Servieren mit Puderzucker.

Ingwerplätzchen Mischung

Die Backmischung zubereiten

Für 1 Glas à 450 ml

190 g Weizenmehl
(Type 405)
2 gestr. TL Backpulver
40 g gemahlene
Mandeln
2 TL Ingwerpulver
etwa 90 g Zucker
1 Glas mit Deckel à
450 ml

Der Beschenkte fügt noch hinzu

140 g weiche Butter
(oder Margarine)

Für die Ingwerplätzchen-Backmischung mische das Mehl mit dem Backpulver und fülle die Hälfte des Mehls in das Glas. Stoße das Glas mehrere Male auf die Arbeitsfläche, damit sich die Schicht gut verdichtet und sich das Volumen reduziert.

Als Nächstes gib die gemahlenen Mandeln in das Glas und drücke die Oberfläche vorsichtig mit einem Saucenlöffel oder Espressostampfer (Tamper) flach.

Mische das restliche Mehl mit dem Ingwerpulver und gib es in das Glas. Stoße es wieder einige Male auf die Arbeitsfläche, damit sich keine Hohlräume bilden.

Als letzte Schicht fülle den Zucker in das Glas und stoße es erneut mehrmals auf die Arbeitsfläche. Achte darauf, dass das Glas randvoll ist und gib eventuell noch etwas mehr Zucker hinzu, so kann später nichts verrutschen.

Verschließe das Glas gut und bewahre es bis zum Verschenken an einem kühlen und dunklen Ort auf.

Ingwerplätzchen Zubereitung

Mit der Backmischung backen

**Für 1 Blech
(etwa 18 Kekse)
benötigt der
Beschenkte**

140 g weiche Butter
(oder Margarine)
1 Zutatenmix für
Ingwerkekse
etwas Mehl für die
Arbeitsfläche

Schlage die weiche Butter so lange in einer Rühr-schüssel, bis sie cremig ist. Dann knete die Back-mischung unter.

Heize den Backofen auf 200 °C (Umluft) vor und belege ein Backblech mit Backpapier.

Nun forme aus dem Teig auf einer leicht bemehl-ten Arbeitsfläche walnussgroße Kugeln, die du zwischen den Händen platt drückst (sie sollen etwa 1 cm dick sein). Dann lege die Taler auf das Backblech und drücke sie kreuzweise mit einer Gabel leicht ein.

Backe die Ingwerplätzchen im vorgeheizten Back-ofen 8–12 Minuten auf mittlerer Schiene.

Wenn du die Plätzchen aus dem Ofen nimmst, soll-ten sie noch etwas weich sein. Lasse sie auf dem Blech gut abkühlen.

Weiche Lebkuchen Mischung

Die Backmischung zubereiten

Für 1 Glas à 600 ml

etwa 180 g Weizen-
mehl (Type 405)
1 TL Backpulver
1 Prise Salz
2 EL Kakaopulver zum
Backen
40 g gemahlene Hasel-
nüsse
160 g weißer Zucker
40 g gemahlene
Mandeln
15 g Lebkuchengewürz
1 Glas mit Deckel à
600 ml (z. B. WECK
Zylinderglas)

**Der Beschenkte fügt
noch hinzu**

160 g weiche Butter
(oder Margarine)
2 Eier
50 g Honig
200 ml lauwarme Milch

Für die Lebkuchen-Backmischung teile das Mehl in zwei Portionen. Stelle eine Portion zur Seite und mische die andere mit Backpulver, Salz und Kakaopulver. Streiche die Mischung durch ein Sieb und gib sie als erste Schicht in das Glas.

Stoße das Glas mehrere Male auf die Arbeitsfläche, damit sich die Schicht gut verdichtet und sich das Volumen reduziert.

Nun fülle die gemahlenen Haselnüsse in das Glas, gefolgt vom weißen Zucker. Stoße das Glas abermals einige Male auf die Arbeitsfläche, so kann später nichts verrutschen.

Gib als nächste Schicht die gemahlenen Mandeln hinzu und drücke die Oberfläche vorsichtig mit einem Löffel oder Espressostampfer (Tamper) an. Als Nächstes fülle das Lebkuchengewürz ein.

Als letzte Schicht gib das restliche Mehl hinzu. Stoße das Glas mehrmals auf die Arbeitsfläche und fülle noch etwas Mehl nach, falls es nicht randvoll sein sollte.

Verschließe das Glas gut und bewahre es bis zum Verschenken an einem kühlen und dunklen Ort auf.

Weiche
Lebkuchen

Weiche Lebkuchen Zubereitung

Mit der Mischung backen

Für 1 Auflaufform (etwa 18 cm x 20 cm) benötigt der Beschenkte

160 g weiche Butter (oder Margarine)
2 Eier
50 g Honig
200 ml lauwarme Milch
1 Backmischung für weiche Lebkuchen

Mein Tipp
Du kannst Lebkuchengewürz ganz einfach selber machen: Mische dazu 4 TL Zimtpulver mit 2 TL gemahlenen Nelken, 2 TL gemahlener Muskatnuss, 1 TL gemahlenem Koriander, 2 TL gemahlenem Kardamom und 1 TL Ingwerpulver. In einem luftdicht verschlossenen Behälter aufbewahren.

Heize den Backofen auf 160 °C (Umluft) vor und belege eine kleine Auflaufform mit Backpapier.

Schlage die weiche Butter in einer Rührschüssel, bis sie cremig ist. Dann füge nacheinander die Eier hinzu und schlage sie je etwa 1 Minute unter. Dann gib unter Rühren den Honig und die lauwarme Milch dazu. Nun füge die Backmischung hinzu und verrühre alles zu einem glatten Teig. Fülle den Teig in die vorbereitete Auflaufform.

Backe den Lebkuchenteig im vorgeheizten Backofen etwa 25 Minuten auf mittlerer Schiene.

Die Lebkuchen sind fertig, wenn beim Stäbchentest kein Teig mehr an einem Holz- oder Metallspießchen kleben bleibt.

Lasse den Lebkuchenteig nach dem Backen gut abkühlen und schneide ihn dann in kleine Rechtecke.

Apfelmus-Muffins Mischung

Den Zutatenmix zubereiten

Für 1 Glas à 450 ml

180 g Weizenmehl
(Type 405)
2 TL Backpulver
1/2 TL Natron
1 TL Zimt
1 Msp. gemahlenes
Nelkenpulver
1 Msp. gemahlene
Muskatnuss
90 g brauner Zucker
etwa 40 g kernige
Haferflocken
1 Glas mit Deckel à
450 ml (z. B. WECK
Sturzglas)

Der Beschenkte fügt noch hinzu

30 g weiche Butter
(oder Margarine)
1 Ei
100 ml Milch
130 g Apfelmus

Für die Apfelmus-Muffins-Backmischung mische das Mehl mit Backpulver, Natron, Zimt, Nelkenpulver, Muskatnuss und fülle das Ganze in das Glas. Stoße das Glas mehrere Male auf die Arbeitsfläche, damit die Schicht sich gut verdichtet und sich das Volumen reduziert.

Nun fülle den braunen Zucker in das Glas und stoße es wieder öfter auf die Arbeitsfläche, so kann später beim Transport nichts verrutschen.

Als letzte Schicht gib die Haferflocken hinzu. Stoße das Glas mehrmals auf die Arbeitsfläche und fülle so viel Flocken nach, bis es randvoll ist.

Verschließe das Glas gut und bewahre es bis zum Verschenken an einem kühlen und dunklen Ort auf.

Apfelmus-Muffins Zubereitung

Mit der Mischung backen

Für 12 Muffins benötigt der Beschenkte

12 Papiermuffin-
förmchen
30 g weiche Butter
(oder Margarine)
1 Ei
100 ml Milch
130 g Apfelmus
1 Backmischung für
Apfelmus-Muffins

Heize den Backofen auf 180 °C (Umluft) vor und setze die Papiermuffinförmchen in die Vertiefungen eines Muffinblechs.

Schlage die Butter in einer Rührschüssel cremig und verrühre sie gründlich mit Ei, Milch und Apfelmus. Dann füge die Backmischung hinzu und rühre alles zu einem glatten Teig. Als Nächstes fülle den Teig in die vorbereiteten Muffinförmchen.

Backe die Muffins im vorgeheizten Backofen 15–20 Minuten auf mittlerer Schiene.

Die Muffins sind fertig, wenn beim Stäbchentest kein Teig mehr an einem Holz- oder Metallspießchen kleben bleibt. Lasse die Muffins in der Form etwas abkühlen.

X-mas-Risotto Mischung

Für 1 Glas à 250 ml

etwa 180 g Risotto-
Reis
1 gestr. TL Lebkuchen-
gewürz
etwa 10 g (3 EL) ge-
trocknete Steinpilze
1 Glas à 250 ml mit
Deckel

Der Beschenkte fügt
noch hinzu

1 kleine Zwiebel
etwas Olivenöl
etwa 750 ml Gemüse-
brühe
etwa 50 g italienischen
Hartkäse (z. B. Pecorino)
etwas Weißwein nach
Belieben
Salz
Pfeffer aus der Mühle

Den Zutatenmix zubereiten

Für den X-mas-Risotto-Zutatenmix gib als erste
Schicht die Hälfte des Risotto-Reises in das Glas.
Stoße das Glas einige Male auf die Arbeitsfläche,
damit die Schicht gut komprimiert wird. Als Nächstes gib das Lebkuchengewürz hinzu.

Nun schneide die getrockneten Steinpilze in kleine
Stücke und fülle sie in das Glas. Als letzte Schicht
gib den restlichen Risotto-Reis hinzu. Sollte das
Glas noch nicht randvoll sein, dann füge noch
mehr Risotto-Reis hinzu.

Verschließe das Glas gut und bewahre es bis zum
Verschenken an einem kühlen und dunklen Ort auf.

X-mas-Risotto Zubereitung

Mit dem Zutatenmix das Risotto zubereiten

1 kleine Zwiebel
etwas Olivenöl
1 Zutatenmix für
X-mas-Risotto
etwas Weißwein, nach
Belieben
etwa 750 ml heiße
Gemüsebrühe
Salz
Pfeffer aus der Mühle
etwa 50 g italienischer
Hartkäse (z. B. Pecorino)

Schäle die Zwiebel und schneide sie in kleine Würfel. Erhitze das Olivenöl in einem Topf und dünste sie darin an.

Nun gib den Zutatenmix hinzu, verrühre ihn mit den Zwiebelwürfeln und dünste kurz weiter. Dann lösche alles mit einem Schuss Weißwein (oder Gemüsebrühe) ab. Gare das Risotto unter ständigem Rühren, bis der Weißwein aufgesogen ist.

Dann gib etwa 125 ml Brühe hinzu und rühre geduldig weiter, bis sie aufgesogen ist. Wiederhole diesen Vorgang so lange, bis die Brühe komplett aufgesogen und der Reis gar ist (wenn nötig, mehr Brühe zugeben).

Das Risotto sollte eine sämige Konsistenz haben und die Reiskörner sollten innen noch bissfest sein. Zum Schluss mit Salz und Pfeffer abschmecken. Vor dem Servieren den Hartkäse reiben und unterheben.

Nuss-Zimt-Waffeln Mischung

Die Backmischung zubereiten

Für 1 Glas à 500 ml

160 g Weizenmehl
(Type 405)
70 g brauner Zucker
70 g weißer Zucker
1 Pck. Vanillezucker
1 Prise Salz
etwa 130 g gemahlene
Mandeln
1 TL Zimt
1 Glas mit Deckel
à 500 ml (z. B. von
Quattro Stagioni)

Der Beschenkte fügt noch hinzu

130 g weiche Butter
(oder Margarine)
4 Eier
etwa 90 ml Milch

Für die Backmischung für Nuss-Zimt-Waffeln fülle als erste Schicht das Mehl in das Glas. Stoße das Glas mehrere Male auf die Arbeitsfläche, damit sich die Schicht gut verdichtet und sich das Volumen reduziert.

Als Nächstes gib den braunen Zucker hinzu. Nun mische den weißen Zucker mit Vanillezucker und Salz und gib die Mischung als nächste Schicht hinein. Stoße das Glas wieder mehrmals auf die Arbeitsfläche, damit später nichts verrutschen kann.

Als letzte Schicht vermenge die gemahlenen Mandeln mit dem Zimt und gib die Mischung in das Glas. Stoße das Glas wieder mehrmals auf die Arbeitsfläche und fülle so viele Mandeln nach, bis es randvoll ist.

Verschließe das Glas gut und bewahre es bis zum Verschenken an einem kühlen und dunklen Ort auf.

Nuss Zimt
Waffelu

Nuss-Zimt-Waffeln Zubereitung

Mit der Mischung backen

Für 9 Waffeln benötigt der Beschenkte

130 g weiche Butter (oder Margarine)
4 Eier
1 Backmischung für Nuss-Zimt-Waffeln
etwa 90 ml Milch

Mein Tipp
Die Waffeln schmecken am besten mit heißer Kirschgrütze, Vanilleeis und Sahne.

Rühre die Butter in einer Rührschüssel cremig. Dann füge nacheinander die Eier hinzu und schlage sie jeweils etwa 1 Minute unter.

Nun rühre die Backmischung unter und gib so viel von der Milch hinzu, dass ein dicker Teig entsteht, der reißend vom Löffel fällt.

Heize das Waffeleisen vor (je nach Waffeleisen auf mittlere Temperatur oder weniger) und gib etwas Teig in die Mitte. Dann backe die Waffeln nacheinander goldbraun. Lasse die Waffeln auf einem Kuchengitter abkühlen.

Marmorkuchen Mischung

Die Backmischung zubereiten

Für 1 Glas à 600 ml

10 g Kakaopulver zum
Backen
95 g weißer Zucker
150 g Weizenmehl
(Type 405)
2 TL Backpulver
1 Prise Salz
100 g gemahlene
Mandeln
1 Pck. Vanillezucker
etwa 110 g brauner
Zucker
1 Glas mit Deckel à
600 ml (z. B. WECK
Zylinderglas)
1 Reagenzglas mit Kor-
ken (160 mm x 16 mm)

Der Beschenkte fügt
noch hinzu

200 g weiche Butter
(oder Margarine)
4 Eier
1 Fl. Rumaroma
3 EL Milch

Für die Marmorkuchen-Backmischung gib das
Kakaopulver in das Reagenzglas und stoße es
einige Male auf die Arbeitsfläche, damit die Schicht
sich verdichtet. Dann gib etwa 5 g weißen Zucker
hinzu und verschieße das Reagenzglas.

Mische das Mehl mit Backpulver und Salz und gib
es als erste Schicht in das Glas. Stoße das Glas
mehrere Male auf die Arbeitsfläche, damit sich
die Schicht gut verdichtet und sich das Volumen
reduziert.

Nun fülle die gemahlenen Mandeln hinein und
drücke die Oberfläche vorsichtig mit einem Löffel
oder Espressostampfer (Tamper) flach.

Mische nun den weißen Zucker mit dem Vanillezucker und gib ihn als nächste Schicht hinzu. Stoße
das Glas abermals einige Male auf die Arbeitsfläche, so kann später nichts verrutschen. Als
letzte Schicht füge den braunen Zucker hinzu.
Fülle so viel braunen Zucker nach, bis das Glas
randvoll ist.

Verschließe das Glas gut und bewahre es bis zum
Verschenken an einem kühlen und dunklen Ort
auf. Eine genaue Anleitung für die Dekoration des
Glases findest du auf Seite 126.

Marmorkuchen Zubereitung

Mit der Mischung backen

**Für 1 Kastenkuchen
(Länge 30 cm)
benötigt der
Beschenkte**

200 g weiche Butter
(oder Margarine) plus
etwas für die Form
4 Eier
1 Fl. Rumaroma
1 Backmischung für
Marmorkuchen
3 EL Milch

Mein Tipp
Bestäube den Kuchen
vor dem Servieren mit
etwas Puderzucker.
Das sieht nicht nur
schön aus, sondern
schmeckt auch gut!

Heize den Backofen auf 160 °C (Umluft) vor und
fette eine Kastenform aus.

Schlage die weiche Butter in einer Rührschüssel
cremig. Dann füge nacheinander die Eier hinzu und
schlage sie jeweils etwa 1 Minute unter. Gib das
Rumaroma und die Backmischung unter Rühren
hinzu und verrühre alles zu einem glatten Teig.

Fülle zwei Drittel des Teiges in die Kastenform.
Unter den restlichen Teig rühre nun den Inhalt des
Reagenzglases sowie 3 Esslöffel Milch und gib den
Kakao-Teig ebenfalls in die Kastenform. Dann zie-
he eine Gabel spiralförmig durch die Teigschichten,
sodass ein Marmormuster entsteht.

Backe den Marmorkuchen im vorgeheizten Backofen auf mittlerer Schiene etwa 15 Minuten. Dann
schneide ihn der Länge nach etwa 1 cm tief ein und
backe ihn weitere 40 Minuten.

Der Marmorkuchen ist fertig, wenn beim Stäbchentest kein Teig mehr an einem Holz- oder Metallspießchen kleben bleibt. Lasse den Kuchen in der
Form abkühlen.

Dekoideen

Marmorkuchen (Seite 123)

Für diese Dekoidee benötigst du

weißes Papier
(100 g/m² stark)
Musterbeutelklammer
grün-weiß karierten
Stoff
Küchengarn
grünes Organzaband
Kleber
Schere und Zickzack-
Schere
Etiketten-PDF

Lade dir die PDF-Vorlage für die Zubereitungs-anleitung von der Webseite zum Buch www.joinmygift.com/buch herunter, drucke sie auf weißem Papier aus und schneide an-schließend ein rundes Etikett mit dem Namen der Mischung und ein rundes Etikett (in gleicher Größe) mit der Zubereitungsanleitung aus.

Lege das Etikett mit dem Namen so auf das Etikett mit der Anleitung, dass die bedruckten Seiten oben liegen und steche am oberen Rand mittig die Mus-terbeutelklammer hindurch. Dann biege die beiden Enden der Klammer um und klebe das Etikett mit der unbedruckten Seite auf das Glas.

Zeichne die Umrisse des Deckels auf dem Stoff nach. Dann zeichne einen weiteren Kreis mit etwa 2 cm Abstand um diesen (etwa 15 cm Durchmesser für ein WECK-Zylinderglas à 600 ml) und schneide ihn mit der Zickzack-Schere aus dem Stoff aus. Lege ihn über den Deckel und befestige ihn mit dem Küchengarn daran. Zu guter Letzt binde mit dem Organzaband das Reagenzglas an das Glas.

Mini
Marshmallow
Muffins

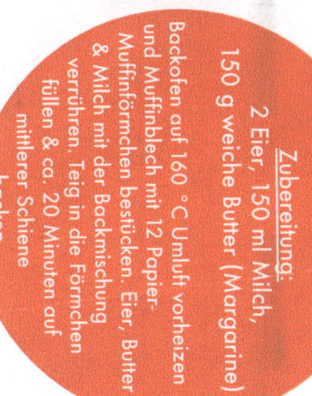

Zubereitung:
2 Eier, 150 ml Milch,
150 g weiche Butter (Margarine)

Backofen auf 160 °C Umluft vorheizen
und Muffinblech mit 12 Papier-
Muffinförmchen bestücken. Eier, Butter
& Milch mit der Backmischung
verrühren. Teig in die Förmchen
füllen & ca. 20 Minuten auf
mittlerer Schiene
backen.

Mini
Marshmallow
Muffins

Mini
Marshmallow
Muffins

Rezeptregister

© h.f.ullmann publishing GmbH
Texte und Rezepte: Anna Selbach
Fotos: Dorothee Gödert, außer S. 7: Julia Holland
Redaktion und Lektorat: Claudia Boss-Teichmann
Gestaltung, Bildredaktion und Satz: Christine Paxmann text • konzept • grafik, München

Gesamtherstellung: h.f.ullmann publishing GmbH, Potsdam
Printed in Germany, 2016
ISBN 978-3-8480-1093-6

10 9 8 7 6 5 4 3 2 1
X IX VIII VII VI V IV III II I

www.ullmannmedien.com
info@ullmannmedien.com
facebook.com/ullmannmedien
twitter.com/ullmannmedien